LA BATAILLE DE DÉNAIN,

OPÉRA-COMIQUE EN TROIS ACTES,

REPRÉSENTÉ, pour la première fois, sur le Théâtre Royal de l'Opéra-Comique, le 24 août 1816, par les Comédiens ordinaires de SA MAJESTÉ;

Paroles de MM. THÉAULON, DARTOIS ET FULGENCE.
Musique de M. CATRUFFO.

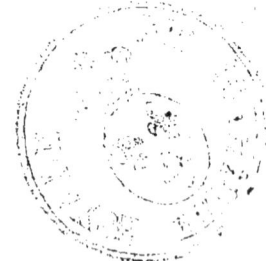

Conservons la France à LOUIS,
Et sauvons LOUIS pour la France !
(*Acte Ier*.)

A PARIS,

CHEZ { BARBA, libraire au Palais-Royal, derrière le théâtre Français.
VENTE, libraire des Menus-Plaisirs du Roi.

1816.

IMPRIMERIE DE Mme. V^e^. PERRONNEAU,
quai des Augustins, n°. 39.

A MONSIEUR
LE MARÉCHAL DUC DE ***.

MONSEIGNEUR,

Cet ouvrage est si faible, que, malgré les sentimens honorables qui l'ont inspiré, nous n'osons placer ici votre nom. Heureusement pour nous, ceux qui verront ces lignes sauront que notre intention fut de mettre le vainqueur de Dénain, *sous la protection d'un nom qui rappellât, comme celui de* Villars, *tout ce que la gloire a de plus beau, la fidélité de plus touchant; et tous les cœurs français prononceront le vôtre.*

Nous sommes avec un profond respect,

MONSEIGNEUR,

De Votre Excellence,

Les très-humbles et très-obéissans serviteurs,
THÉAULON, DARTOIS ET FULGENCE.

PERSONNAGES.

Le Duc de Villars, maréchal de France,	M. *d'Arancourt.*
Le Comte d'Haspres,	M. *Chenard.*
Clémence, sa Nièce,	Mad. *Duret.*
Le Marquis de Nivernais, officier supérieur de l'armée française,	M. *Huet.*
Le Chevalier d'Olange,	M. *Richebourg.*
Henri Dorval, fils d'un conseiller de Douai,	M. *Moreau.*
Madame Francoeur, veuve d'un sapeur de l'armée de Turenne,	Mad. *Desbrosses.*
Lucette, sa fille,	Mlle. *Leclerc.*
Alain, jardinier du château,	M. *Lesage.*
Léon, page de M. de Villars,	Mad. *Moreau.*

Soldats français.

Pages de M. de Villars.

Son État-major.

Habitans des villages voisins.

Valets du comte.

Le combat de Dénain (1) *a eu lieu le* 24 *juillet* 1712, *un mois avant la Saint-Louis. Les auteurs ont cru pouvoir se permettre ce léger anachronisme, en faveur de la circonstance.*

---

(1) On prononce *Denain*.

LA BATAILLE DE DÉNAIN.

ACTE PREMIER.

Le théâtre représente, à gauche, l'entrée d'un château fortifié à la hâte. Un pont-levis neuf est levé. Une petite poterne gardée par un soldat est seule ouverte. Tous les arbres qui entourent le château sont coupés à la hauteur du canon.

SCÈNE Ire.

Mme. FRANCŒUR, LUCETTE, ALAIN.

Mme. FRANCŒUR.

Je te l'ai dit et je te le répète, Alain, nous avons été tous militaires dans ma famille : feu mon pauvre mari, M. Francœur, était premier sapeur de M. de Turenne; j'ai été, pendant dix-neuf ans, la première vivandière de l'armée de ce grand général; et Lucette n'épousera qu'un brave.

ALAIN.

C'est-à-dire, madame Francœur, que vous ne voulez pas de moi pour votre gendre?

COUPLETS.

1ᵉʳ.

Pour servir le prince et la France,
Sachons nous unir désormais ;
Quand nous serons d'intelligence
Qui pourra nous vaincre jamais ?
Vainement d'un revers funeste
Le destin nous menacera ;
Le beau nom de Français nous reste :
   L'honneur nous restera.

LUCETTE.

2ᵉ.

De Henri je connais l'histoire :
Ce grand roi jadis des Français
Par sa valeur a fait la gloire,
Et le bonheur par ses bienfaits.
En ce moment, hélas ! funeste,
Dans ses fils, croyons qu'il vivra ;
Son panache sacré nous reste :
   L'honneur nous restera.

ALAIN.

3ᵉ.

J'sommes Français, j'm'en faisons gloire ;
Mais avec ça j'aimons la paix.
L'honneur de vivre dans l'histoire
Pour moi n'aura jamais d'attraits.
La paix est un présent céleste,
La France enfin en jouira ;
Et si notre bon roi nous reste :
   L'honneur nous restera.

LUCETTE.

Ma mère, voici mademoiselle Clémence.

Mme. FRANCŒUR.

Aimable et brave demoiselle ! malgré les sollicitations de son oncle, elle a voulu rester dans ce château, et partager tous nos dangers. (*A Alain.*) Retourne à ton ouvrage, et n'oublie pas mes conditions. (*A sa fille.*) Toi, Lucette, rentre à la maison; et, si quelqu'un de ces messieurs s'approche de toi (*avec le geste*), fais-le souvenir que tu es la fille de madame Françœur.

LUCETTE.

Oui, ma mère. (*Elle rentre avec Alain*).

SCÈNE II.

CLÉMENCE, Mme. FRANCOEUR.

Mme. FRANCOEUR (*en la voyant avancer*).

Comme elle est triste, préoccupée, cette chère enfant ! Allons, allons, je vais lui parler de ses amours; il n'y a rien comme ça pour égayer une demoiselle.

CLÉMENCE (*à elle-même*).

Mon oncle a, dit-on, quitté le château avant le jour, et il n'est pas encore rentré. Je suis d'une inquiétude ! Ah ! c'est vous, madame Francœur ? avez-vous vu monsieur le Comte, ce matin ?

Mme. FRANCŒUR.

Oui, mademoiselle; il est au camp avec un messager qui lui est arrivé de Paris.

CLÉMENCE.

Un messager !

Mme. FRANCOEUR (*mystérieusement*).

On assure qu'il apporte l'ordre d'attaquer aujourd'hui même.

CLÉMENCE (*avec effroi*).

Déja !

Mme. FRANCŒUR.

Si j'avais eu voix au conseil, il y a longtems que l'ennemi serait battu ! Du reste, puisqu'ils ont tant tardé, ils ont bien fait de choisir un jour comme celui-ci. La veille de la Saint-Louis, les Français ne peuvent perdre une bataille, et leurs lauriers seront le bouquet du Roi.

CLÉMENCE.

Que j'ai de plaisir à vous entendre, madame Françœur ! vous me rendez l'espérance ; vous me rassurez. (*Avec embarras et curiosité.*) Savez-vous encore quelques nouvelles ?

Mme. FRANCOEUR (*riant*).

De Douai, par exemple, n'est-ce pas ?

CLÉMENCE.

En a-t-on commencé le blocus ?

Mme. FRANCŒUR.

On le dit ; mais la place est bonne, la garnison est nombreuse, et je crains bien, ma belle demoiselle, que vous ne soyez longtems privée des nouvelles de M. Henri.

CLÉMENCE.

Eh quoi ! madame Françœur, penseriez-vous que ce seul motif ?

Mme. FRANCŒUR.

Non, non, mademoiselle, je sais que vous êtes une bonne Française, et vous en avez donné la preuve éclatante en voulant rester dans ce château avec monsieur le comte, votre oncle. Mais monsieur Henri Dorval, jeune officier, et fils d'un conseiller de Douai, a eu le bonheur de vous plaire. Douai est tombé au pouvoir de l'ennemi; votre amant s'y trouve, et, en bonne Française, vous désirez ardemment que Douai soit repris. Je ne vois là rien que de très-louable, et sur-tout de très-naturel.

CLÉMENCE.

Eh bien! puisque vous savez mon secret, je ne vous cacherai point mes craintes. Je connais l'amour de Henri; je connais sur-tout son courage; et son silence est effrayant!

Mme. FRANCŒUR.

Vos craintes ne sont pas fondées, ma belle demoiselle. D'après les détails du siége de Douai, le Roi n'y a pas perdu un seul de ses enfans; la place a été surprise.

CLÉMENCE.

La prison la plus cruelle ne pourrait empêcher Henri de voler auprès de moi.

Mme. FRANCŒUR.

Rassurez-vous encore! à la guerre, mon enfant, les officiers ne sont prisonniers que sur parole.

CLÉMENCE (*tristement*).

Alors, je ne puis espérer de le revoir avant la paix.

Mme. FRANCŒUR.

Non sans doute ; mais la guerre finira. Une victoire remportée par nos braves doit amener la paix, et la paix sera faite demain, s'ils se battent aujourd'hui. Une fois conclue, Douai sera rendu au Roi, et vous épouserez M. Henri. (*Ici l'horloge du château sonne une demie.*) Mais voilà l'heure de la première distribution ; et je ne veux pas perdre le beau nom que m'a donné M. de Turenne en m'appelant la *Mère des soldats !* Du courage, ma belle demoiselle, du courage ! Un secret pressentiment me dit que tout ira bien pour la France et pour vous. (*Elle entre au château*).

SCÈNE III.

CLÉMENCE (*seule*).

RÉCITATIF.

Hélas ! que ne puis-je, en ce jour,
Conserver dans mon cœur cette douce espérance !
(*Avec force.*)
Les Français sauveront la France !
(*Avec sentiment.*)
Mais qui protégera désormais mon amour ?

AIR.

Vainement un ordre sévère
Veut que je trahisse ma foi ;
Henri, je le sens, sur la terre,
Mon cœur ne peut chérir que toi.

Je cède aux vœux de ma mère
En voyant en toi mon époux ;
C'était sa volonté dernière,
Et le devoir ne fut jamais si doux !
Elle n'est plus ! Des droits de la naissance
Mon oncle trop jaloux
Refuse d'accomplir cette heureuse alliance ;
Il veut à sa grandeur
Immoler jusqu'à mon bonheur ;
Mais la voix d'une mère tendre
Se fait encore entendre,
Et du fond de la tombe elle arrive à mon cœur.

Vainement un ordre sévère
Veut que je trahisse ma foi ;
Henri, je le sens, sur la terre,
Je ne puis aimer que toi.

SCÈNE IV.

CLÉMENCE, Le marquis de NIVERNAIS, Soldats (*portant des guirlandes*).

NIVERNAIS.

Amis, que toutes les avenues du château soient jonchées de fleurs ; que ces arbres mutilés soient ornés de guirlandes. Que Villars, enfin, ne marche au combat que sous des arcs de triomphe ! Ils seront prêts pour son retour. (*Les soldats décorent les arbres.*)

CLÉMENCE.

M. de Villars !

NIVERNAIS (*l'apercevant*).

Il arrive, aimable Clémence ; Villars, triomphant

enfin de l'intrigue et de la calomnie, vient d'obtenir le prix qui doit le plus flatter un sujet fidèle, l'honneur de vaincre ou de mourir pour sa patrie et pour son Roi.

CLÉMENCE.

Mon oncle, monsieur le Marquis, est-il instruit de cet heureux évènement?

NIVERNAIS.

C'est de lui, belle Clémence, que nous tenons la nouvelle importante que je vous annonce, et qui répand dans tout le camp l'espérance et la joie. Un page de M. de Villars est venu apprendre cette nuit à monsieur le Comte, que le Maréchal, nommé au commandement de l'armée de Flandre, arriverait au château d'Haspres dans la matinée.

CLÉMENCE.

Et les ordres ne sont point encore donnés pour le recevoir! Pardonnez, monsieur le Marquis; je vais tout faire disposer.

NIVERNAIS (*l'arrêtant*).

Eh quoi! me priver déja du plaisir de vous voir?

CLÉMENCE.

Monsieur le Maréchal arrive, et je dois.....

NIVERNAIS (*l'arrêtant*).

Un Maréchal de France se trouve bien par tout. Turenne et Fabert dormaient sur l'affût d'un canon; et, si j'en crois l'ardeur que le nom de Villars a fait naître dans le cœur de nos soldats, monsieur le Maréchal pourrait fort bien passer la nuit au bord de l'Escaut, sur les étendarts de l'ennemi.

CLÉMENCE.

Tous nos héros français sont faits à cela ; mais croyez-vous, monsieur le Marquis, que la bataille soit si prochaine ?

NIVERNAIS.

On le voit assez à la gaîté qui règne dans le camp. Il offrait cette nuit un coup d'œil enchanteur. Eh ! quel tableau plus touchant que celui d'une armée qui, en présence, et pour ainsi dire sous le canon d'un ennemi supérieur en nombre, oublie ses maux, ses fatigues, et se réunit autour des feux allumés dans le camp pour chanter les charmes de la gloire, et saluer, d'un cri d'espérance et d'amour, le jour désiré de la fête de son Roi. Ah ! si j'en crois l'attachement des Français à leur prince, les malheurs de la France sont finis.

CLÉMENCE.

Que le ciel vous entende, monsieur le Marquis, et rende à notre belle patrie le calme et le repos dont elle a tant besoin ! (*En riant.*) Quoique vous puissiez dire, je vais m'occuper de monsieur le Maréchal.

NIVERNAIS.

Vos soins seront inutiles ; mais je n'ose plus vous retenir. J'avais cependant une grâce à vous demander.

CLÉMENCE.

Une grâce, monsieur le Marquis ? à moi !

NIVERNAIS.

A vous, aimable Clémence, à vous ; et de quelle autre désormais peut dépendre le charme de ma vie !

Quand les hasards de la guerre firent reculer le faible corps d'armée qui m'était confié devant les soldats réunis de la Hollande, de l'Angleterre et de l'Empire, et que je vins asseoir mon camp dans la plaine de Dénain, et sous les murs de ce château, j'eûs le bonheur de vous voir, belle Clémence; vous voir, c'était vous aimer; j'osais vous le dire; mon amour était sincère, il était pur! vous n'en parûtes point offensée; cédant à votre prière, et respectant votre secret, je vous promis de ne point parler de mes sentimens à monsieur le Comte avant la fin de la campagne. Jusqu'à ce jour, j'ai tenu ma promesse, et rien ne pourra m'y faire manquer; mais j'apprends à l'instant que le jeune chevalier d'Olange, épris de vos charmes, doit aujourd'hui même demander votre main à monsieur le Comte.....

CLÉMENCE (*à part*).

O ciel!

NIVERNAIS.

Et j'accours me jeter à vos pieds, pour obtenir la permission de ne point me laisser prévenir.

CLÉMENCE (*à part*).

Cruel embarras!

NIVERNAIS (*à part*).

Le Chevalier aurait-il su lui plaire? (*Haut.*) Clémence, vous vous taisez; vous détournez les yeux? Ah! je ne le vois que trop, d'Olange plus heureux que moi.....

CLÉMENCE (*vivement*).

Parlez à mon oncle, monsieur le Marquis : votre

âme est noble, généreuse! Je mets, en vous, toute mon esperance.
NIVERNAIS.
Et moi! en vous, tout mon bonheur!

(*Clémence rentre dans le château.*)

SCÈNE V.

NIVERNAIS (*seul*).

(*Riant.*) Mon pauvre Chevalier, je vois que vous aurez deux torts essentiels dans cette aventure : celui de n'être pas aimé et celui de n'avoir point fait votre demande hier. Français, amant et soldat; quel beau jour pour moi! une fête, un mariage et une bataille! (*Avec étourderie.*) D'honneur, c'est pour en mourir.

RONDEAU.

Mon cœur à mon amie ;
   A Dieu ma foi ;
Mon bras à ma patrie ;
   Tout pour mon Roi :
   Voilà ma loi.

Combien je regrette ces jours
Et de vaillance, et de galanterie,
Où les preux et les troubadours,
Entre la gloire et les amours,
Partageaient, tour-à-tour, leur vie.
Alors, dans un brillant tournoi,
En préludant par des jeux à la guerre
On déployait cette noble bannière
Où le méchant lisait avec effroi :

Mon cœur à mon amie ;
A Dieu ma foi ;
Mon bras à ma patrie ;
Tout pour mon Roi ;
Voilà ma loi.

Des tems de la chevalerie
Louis a ramené la douce courtoisie,
Son regard seul fait des héros.
Et si nous n'avons plus ces gothiques bannières
A nos ayeux si chères,
Dans nos cœurs et sur nos drapeaux
On peut trouver ces mots :

Mon cœur à mon amie ;
A Dieu ma foi ;
Mon bras à ma patrie ;
Tout pour mon Roi ;
Voilà ma loi.

Mais voici mon vieil ami, hâtons-nous d'assurer mon bonheur.

SCÈNE VI.

Le Comte D'HASPRES, le Marquis de NIVERNAIS.

LE COMTE (*examinant les guirlandes, sans voir Nivernais. Il arrive du camp*).

Des lauriers, des fleurs, des guirlandes ! enfin tous les apprêts d'une fête mêlés à ceux d'une bataille : Nivernais ne peut être loin d'ici.

NIVERNAIS.

Ah ! vous m'aviez vu, mon cher Comte ?

LE COMTE.

Je suis bien aise de vous rencontrer. Le chevalier d'Olange vient de me faire dire qu'il avait à me parler d'une affaire très-importante. Je présume que c'est de quelque nouveau plan d'attaque ; vous nous aiderez de vos conseils.

NIVERNAIS (*à part*).

D'Olange ! vive Dieu ! Je vois ce qui l'amène ; il n'y a pas un moment à perdre.

LE COMTE.

Un transfuge de l'armée ennemie parti des avant-postes, la nuit dernière, vient de m'apprendre que le duc d'Albermale était entré hier soir dans le camp de Dénain avec un renfort considérable : il le porte à dix mille hommes.

NIVERNAIS (*avec gaîté*).

Eh bien ! Villars nous arrive ; il y a compensation ! Mais, mon cher Comte, laissons cela, de grâce, et permettez-moi de vous adresser une question avec ma franchise ordinaire ?

LE COMTE.

Parlez, mon cher Marquis ; je vous répondrai de même.

NIVERNAIS.

Que dites-vous de mon caractère ?

LE COMTE.

Vous me demandez un éloge.

NIVERNAIS.

Quoi ! vous ne me trouvez aucun défaut ?

LE COMTE (*riant*).

Ils sont si légers qu'ils ne paraissent point à côté de votre loyauté.

NIVERNAIS.

Comte, votre estime n'eût jamais autant de prix pour moi ! Je suis jeune, d'une naissance égale à la vôtre, ma fortune est considérable, le roi m'a compté parmi ses plus fidèles serviteurs....

LE COMTE (*à part*).

Où veut-il donc en venir ?

NIVERNAIS.

Me croyez-vous capable de faire le bonheur de celle à qui je dois unir mon sort ?

LE COMTE.

Oh ! pour cela, j'en répondrais.

NIVERNAIS (*lui prenant la main*).

Eh bien ! touchez-là, mon cher Comte ; vous ne pouvez me refuser la main de votre nièce.

LE COMTE.

Comment !

NIVERNAIS.

J'aime, j'adore l'aimable Clémence, et le bonheur de ma vie dépend désormais de vous seul.

LE COMTE.

Marquis, je suis loin de rejeter votre demande ; mais elle a droit de me surprendre, je vous l'avoue : quoi ! c'est dans un moment où la patrie est dans le danger le plus éminent, c'est presque sous le canon de l'ennemi que vous parlez de mariage !

NIVERNAIS (*gaîment*).

J'aimai de tout tems les constrastes, et celui-ci a

quelque chose de si piquant! (*Regardant du côté du camp.*) Mais voici le chevalier d'Olange ; nous reprendrons cette conversation (*en riant*) si nous nous retrouvons tantôt dans la mêlée.

LE COMTE.

Il extravague tout-à-fait.

SCÈNE VII.

Les mêmes, le Chevalier D'OLANGE.

D'OLANGE.

Marquis de Nivernais, le duc d'Aumont arrive au camp avec ses cavaliers.

NIVERNAIS.

Eh! quoi! d'Aumont vient être aussi des nôtres ? Allons, d'Albermale peut recevoir un nouveau renfort. Je me rends au camp ; au revoir, chevalier. (*Bas.*) Mon cher Comte, (*en riant*) prenez date de ma demande.

LE COMTE (*à part*).

Que veut-il dire?

(*Nivernais rentre dans le camp.*)

SCÈNE VIII.

LE COMTE, le CHEVALIER.

D'OLANGE (*à part*).

Le moment me paraît favorable.

LE COMTE.

Je ne reviens pas de l'insouciance et de la légèreté du Marquis.

D'OLANGE.

Nous nous sommes trouvés à dix batailles ; je l'ai toujours vu de même ; c'est un homme charmant.

LE COMTE.

C'est un vrai chevalier français ; mais voulez-vous savoir à quel point il porte l'oubli des dangers qui nous entourent ? On va se battre, Nivernais songe à se marier.

D'OLANGE.

Vraiment ! (*A part.*) Nous avons eu la même idée. (*Haut.*) Et quelle est la dame de ses pensées ? Sans doute quelque riche et vieille marquise de cette province ?

LE COMTE.

Non, c'est ma nièce.

D'OLANGE.

Clémence ! (*A part.*) Grand Dieu !

LE COMTE.

Quand vous êtes arrivé il me demandait sa main. Conçoit-on une pareille extravagance ?

D'OLANGE (*piqué*).

En effet, cela me paraît inconcevable ; et voilà un contre-tems auquel j'étais loin de m'attendre.

LE COMTE.

Que voulez-vous dire, Chevalier ?

D'OLANGE.

Que je n'ai pu voir la belle Clémence sans apprécier ses qualités ; que je l'aime, et que je venais, monsieur le Comte, vous demander aussi sa main.

LE COMTE.

Il se pourrait !

D'OLANGE.

C'était là le sujet de l'entretien que je désirais avoir avec vous. Je n'ai point voulu me déclarer sans l'assentiment de ma famille. Non-seulement elle approuve, mais elle désire ardemment cette union ; et cette lettre, de mon père, vous prouvera tout le prix qu'il attache à votre alliance.

LE COMTE.

Votre famille m'est connue, et je ne verrais dans cet hymen que le bonheur de ma chère Clémence ; mais le Marquis m'a parlé le premier.

D'OLANGE.

Auriez-vous donné votre parole ?

LE COMTE.

Non, sans doute ; et tout ce que je puis faire, c'est de m'en rapporter, entre vous, à la décision de ma nièce ; mais ce n'est point là ce qui doit nous occuper aujourd'hui.

SCÈNE IX.

Les mêmes, Mme. FRANCOEUR, *ensuite* LUCETTE *et* ALAIN.

Mme. FRANCOEUR (*enthousiasmée*).

Monseigneur ! Monseigneur ! il ne tient qu'à vous que le roi compte un soldat de plus dans son armée.

LE COMTE (*riant*).

Savez-vous, madame Francœur, que Sa Majesté n'a pas de plus habile recruteur que vous. Voilà le dixième depuis quinze jours. Vous avez une éloquence !

Mme. FRANCŒUR (*frappant sur son cœur*).

C'est cela qui parle, monsieur le Comte, et l'on persuade aisément les Français avec les seuls mots d'honneur et de patrie. Ainsi vous accceptez mon homme ?

LE COMTE.

Sans doute, puisque vous m'en répondez.

Mme. FRANCŒUR.

Oh! vous allez le voir. (*Elle appelle.*) Alain !

LE COMTE.

Comment ! mon jardinier ?

ALAIN.

Oui, Monseigneur, c'est moi.

LE COMTE.

Et tu veux être soldat, mon garçon ?

ALAIN.

Dam, Monseigneur, il faut bien faire une fin.

LE COMTE (*riant*).

Jusqu'à ce jour, je n'avais pas cru voir en toi des dispositions bien guerrières.

ALAIN.

Ni moi non plus, Monseigneur ; mais pour mamzelle... (*Madame Francœur lui fait un signe.*) C'est-à-dire pour la patrie... comme qui dirait pour le roi... un bon Français.... Vous entendez bien, Monseigneur ?

LE COMTE (*riant*).

J'approuve ton zèle. Dans quel corps veux-tu servir ?

ALAIN.

Dans la réserve, si c'est possible, Monseigneur.

Mme. FRANCŒUR (*vivement*).

Il n'y en a pas aujourd'hui.

ALAIN (*à part*).

Diable! tant pis; ce n'est pas ce qu'ils m'avaient dit. (*Haut.*) C'est égal, morgué! j'sommes décidé; Monseigneur, j'défendrons votre château.

LE COMTE (*riant*).

Allons, j'y consens.

LUCETTE.

Que je suis contente, Monsieur Alain! vous ne me quitterez pas.

(*On entend dans le lointain le son de la trompette et le rappel du tambour.*)   (*Ils écoutent.*)

ALAIN (*effrayé*).

Madame Francœur, qu'est-ce que c'est donc que cela?

(*Les sons se prolongent et continuent pendant le quinque.*)

QUINQUE.

LE COMTE.

Le tambour bat et la trompette sonne.

D'OLANGE.

Se prépare-t-on au combat?

ALAIN.

Jarni, malgré moi, je frissonne.

M^e. FRANCŒUR (*à Alain*).

Quel bonheur! te voilà soldat!

LUCETTE.

Nos braves marchent à la gloire.

Mme. FRANCŒUR.

Alain, tu vas suivre leurs pas.

ALAIN.

Non pas, madam' Francœur, non pas,
Au lieu de chercher la victoire
Dans la plain' sous leurs étendarts,
Je vais l'attend' sur nos remparts.

Ensemble.

Livrons-nous à l'espérance,
Le ciel nous doit ses faveurs :
Il protégera la France,
Et les Français seront vainqueurs.

(*Le comte et d'Olange remontent la scène; ils regardent le camp de dessus un tertre*).

Mme. FRANCŒUR.

Comme j'aime un jour de bataille!

ALAIN.

Jamais, je crois, j'n'aimai tant la paix!

Mme. FRANCŒUR (*au comble de la joie*).

Les baïonnettes, les mousquets,
Et les bombes et la mitraille :
Ah! c'est superbe, mon enfant ;
Tu t'y feras, certainement.

ALAIN (*à part*).

Jamais, jamais à la mitraille
Je n'me ferons, certainement.

Mme. FRANCŒUR.

Tu t'y feras, certainement.

LE COMTE (*avançant en scène en riant*).

Je le vois : c'est encor la fête,
Et Nivervais fait tout cela.

D'OLANGE.

Il a vraiment perdu la tête.
Ah! je le reconnais bien là!

LE COMTE.

Pour moi, j'aime assez son système :
Si notre danger est extrême,
S'il faut périr, que ce soit en riant ;
Mais eloignons un noir pressentiment.

Ensemble.

Livrons-nous à l'espérance,
Le ciel nous doit ses faveurs :
Il protégera la France,
Et les Français seront vainqueurs.

(*Pendant ce morceau, le son des trompettes et des tambours se rapproche.*)

SCÈNE X.

LES MÊMES, LÉON.

LÉON.

Monsieur le Comte, monsieur le maréchal de Villars est à la ferme de Gersy.

Mme. FRANCŒUR.

Quoi! monsieur le maréchal de Villars arrive! C'est l'élève de Turenne : la France est sauvée!

ALAIN (*à part*).

S'il pouvait la sauver sans moi!

LÉON.

Voici monsieur le marquis de Nivernais.

SCÈNE XI.

Les mêmes, le marquis de NIVERNAIS.

NIVERNAIS.

Comte, monsieur de Villars, arrêté à la ferme de Gersy pour passer en revue les escadrons du comte de Saint-Pol, vient de m'envoyer l'ordre de faire mettre tout mon camp sous les armes. Il veut à son arrivée se montrer à ses soldats ; veuillez tout disposer, afin que la garnison du château puisse participer à ce bonheur.

LE COMTE.

Elle l'a bien mérité ! (*Il entre au château.*)

Mme. FRANCŒUR.

Viens, mon garçon, voici le plus beau moment de ta vie !

ALAIN.

Oui, si ce n'est pas le dernier.

Mme. FRANCOEUR (*à Lucette*).

Rentrez, Mademoiselle.

LÉON (*à Lucette*).

Mademoiselle veut-elle me permettre de lui donner la main pour passer le pont ?

LUCETTE.

Je le passe tous les jours sans l'aide de personne, mon beau Monsieur ; mais c'est égal. (*Elle lui tend la main.*)

LÉON.

Elle est charmante ! (*A part.*) Oh ! si monsieur

le Maréchal voulait camper seulement du soir au matin dans ce château !

(*Il donne la main à Lucette, et ils entrent tous dans le château.*)

SCÈNE XII.
NIVERNAIS, D'OLANGE.

NIVERNAIS.

Pour moi, je vole à la rencontre de Villars; je veux être le premier à le féliciter.

D'OLANGE.

Il paraît, Marquis, que vous n'aimez point à vous laisser prévenir.

NIVERNAIS (*à part, riant*).

Il a fait sa demande. (*Haut.*) Eh, quoi ! Chevalier, vous vous en êtes aperçu ? Je vous croyais trop occupé de vos savantes théories pour faire une si futile observation.

D'OLANGE.

Si l'on ne m'a point trompé, d'autres soins que ceux de la guerre vous occupent aussi.

NIVERNAIS (*gaîment*).

Il est vrai; ce matin, en cherchant un plan d'attaque, j'ai trouvé un mariage.

D'OLANGE (*avec ironie*).

Et quel est l'objet charmant auquel vous allez vous unir?

NIVERNAIS (*avec noblesse*).

Votre demande n'est pas généreuse, Chevalier; vous le savez aussi bien que moi.

D'OLANGE (*piqué*).

Mais, vous-même, Marquis, ignoriez-vous que je prétendais à la main de Clémence ?

NIVERNAIS (*avec franchise*).

Non ; et voilà pourquoi je me suis hâté de la demander.

D'OLANGE.

Ainsi, c'était avec le désir bien prononcé de me ravir un bien auquel le charme de ma vie est attaché ?

NIVERNAIS.

Devais-je oublier mon bonheur pour le vôtre ? L'honneur nous unit et non pas l'amitié.

D'OLANGE.

D'accord ; mais l'honneur a des lois....

NIVERNAIS (*l'interrompant vivement et tirant son épée*).

Chevalier, le code de l'honneur est tout entier sur mon épée.

D'OLANGE (*tirant aussi la sienne*).

Marquis....

(*Ils s'avancent l'un sur l'autre.*)

NIVERNAIS (*s'arrêtant vivement*).

Qu'allons-nous faire, Chevalier ?

D'OLANGE.

Disputer la main de Clémence. Je mets ma gloire à l'obtenir.

NINERNAIS.

La mienne est de ne point vous la céder ! Mais est-ce à nous, à nous qui devons servir d'exemple à nos soldats, qu'il appartient d'enfreindre, à la vue de toute une armée, les volontés sacrées du Roi.

D'OLANGE.

Nous pouvons pénétrer dans le parc.

NIVERNAIS (*avec feu et remettant son épée dans le fourreau*).

Chevalier, c'est dans les murs de Dénain que nous devons pénétrer, et c'est là que je vous donne rendez-vous.

D'OLANGE (*remettant son épée*).

J'y serai, Nivernais. Où nous trouverons-nous?

NIVERNAIS.

Sur la première brèche praticable.

D'OLANGE.

C'est convenu.

(*Ils se donnent la main.*)

DUO.

Du cœur de la belle Clémence,
Toujours épris, toujours jaloux ;
Battons-nous d'abord pour la France,
Après, nous nous battrons pour nous.

Ensemble.

Du cœur de la belle Clémence, etc.

D'OLANGE.

Quel désir cruel de vengeance
Nous entraînait à ce combat?

NIVERNAIS.

Soyons toujours d'intelligence
Pour servir le prince et l'état.

D'OLANGE.

La patrie ici nous appelle !

NIVERNAIS.

Le Roi réclame notre appui !

D'OLANGE.

Il faut, il faut vaincre pour elle !

NIVERNAIS (*avec âme*).

Ou bien il faut mourir pour lui !

Ensemble.

(*Se prenant par la main*).

Du cœur de la belle Clémence
Toujours épris, toujours jaloux ;
Battons-nous d'abord pour la France,
Après, nous nous battrons pour nous.

(*Musique militaire. Acclamations lointaines.*)

NIVERNAIS.

Villars approche de ces lieux ; Chevalier, rendons-nous auprès de lui.

(*Ils sortent en se donnant toujours la main.*)

(*Des soldats entrent en foule.*)

SCÈNE XIII.

Les mêmes, le COMTE (*sortant du château à la tête d'un détachement de troupes qui fait la haie vis-à-vis le pont-levis*), CLÉMENCE, Mme. FRANCOEUR, LUCETTE, LÉON (*sortant du château*). Habitans du village.

CHOEUR.

Plus de craintes, plus de souffrance;
Que la gaîté brille de toutes parts!
   Tremblez, ennemis de la France,
   Voici Villars! Voici Villars!
   Vive le Roi! Vive Villars!

(*Les soldats présentent les armes; le maréchal paraît entouré des chefs de l'armée et suivi de son état-major.*)

SCÈNE XIV.

Les mêmes, le MARÉCHAL, NIVERNAIS, D'OLANGE, suite.

LE MARÉCHAL.

Amis, quand la gloire m'appelle,
   En m'envoyant auprès de vous,
Louis savait qu'il donnait à mon zèle
L'espoir le plus flatteur, et le prix le plus doux!

CHOEUR.

Plus de craintes, plus de souffrance, etc.

CLÉMENCE (*à part*).

Ah! son aspect calme ma peine!

Mme. FRANCŒUR.

Pour mon cœur, quel heureux moment!
Monsieur d'Villars en vous voyant,
Je crois voir monsieur de Turenne.

LE COMTE.

Monsieur le Duc, combien je suis flatté!....

LE MARÉCHAL (*lui prenant la main*).

Comte, à la cour, on sait de vos nouvelles;
Le Roi connaît votre fidélité.

LE COMTE.

Tous les Français, aujourd'hui, sont fidèles.

NIVERNAIS.

Sous l'étendart brillant des lys,
Pour soutenir l'éclat du diadême,
Le danger de l'état les a tous réunis.

LE MARÉCHAL.

Amis, ce danger est extrême.

TOUS.

(*Après un grand silence.*)

Villars le dit; le danger est extrême!

LE MARÉCHAL (*avec éclat*).

Mais nous sommes Français, et nous saurons, amis,
Aujourd'hui par notre vaillance,
Conserver la France à LOUIS,
Et sauver LOUIS pour la France.

Chœur général.

Que la gaîté brille de toutes parts!
Tremblez, ennemis de la France;
Voici Villars! voici Villars!
Vive le Roi! vive Villars!

(*Villars, pressé par les soldats et les paysans, entre dans le château au milieu des acclamations. Le rideau tombe.*)

FIN DU PREMIER ACTE.

ACTE II.

Le théâtre représente une terrasse du château dont on a fait un rempart. Deux pièces de canon sur leurs affûts sont dans le fond placées à des créneaux nouvellement faits. A gauche, est un pavillon du château dont une grande croisée ouverte laisse apercevoir l'intérieur. Une harpe est au milieu de l'appartement ; elle doit être placée d'une manière très-apparente pour contraster avec les canons de la terrasse. A droite, l'entrée d'une charmille.

SCÈNE PREMIÈRE.

ALAIN (*en militaire et en faction entre les deux canons*), LUCETTE (*assise sur un banc de pierre, sur le devant de la scène, et travaillant*).

LUCETTE.

C'est-à-dire, monsieur Alain, que, toutes les fois que vous serez en faction, il faudra que je vous tienne compagnie ?

ALAIN.

Oui, mamzelle ; votre mère le veut ; et, puisque j'fesons sentinelle, j'profiterons de ça pour vous garder. Il y a, aujourd'hui, dans le château, un page qui m'a l'air d'un sournois ; mais j'sommes soldat, maintenant; et s'il s'approche tant seulement de vous.......

LUCETTE.

Justement, le voici.

ALAIN.

Eh bien! dites-lui, mamzelle, que vous ne voulez pas l'écouter.

LUCETTE.

Dites-lui cela vous-même, monsieur Alain; moi, je suis trop polie pour ça.

SCÈNE II.

Les mêmes, LÉON.

LÉON (*l'apercevant*).

Ah! voilà l'aimable Lucette. (*Il va vers elle.*)

ALAIN (*d'une grosse voix*).

On n'approche pas.

LÉON.

Comment! on n'approche pas de mademoiselle?

ALAIN (*de même*).

C'est la consigne.

LÉON (*s'arrêtant avec respect*).

De monsieur le Maréchal?

ALAIN (*de même*).

Non; de sa mère.

LÉON.

C'est différent. (*Il vient s'asseoir près de Lucette.*)

ALAIN.

Alte-là ! Apprenez, monsieur, que j'sommes ici pour la garder.

LÉON.

Cela peut-être ; mais vous gardez la place aussi. Faites votre devoir ; et, au lieu de regarder ce qui se passe sur le rempart, observez l'ennemi, et empêchez qu'il ne vienne nous surprendre. Le châtiment le plus terrible.....

ALAIN.

Comment ! j'sommes responsable du château ?

LUCETTE.

Ni plus, ni moins. Ne te souviens-tu point de la vieille chanson que nous chantait ma mère ?

LÉON.

Ah ! voyons cette chanson ?

ALAIN.

Oui, c'est çà, mamzelle; chantez. (*A part.*) Çà me divertira, et çà l'empêchera de parler.

LUCETTE.

Ecoutez bien, monsieur Alain.

CHANSON.

1er. COUPLET.

Sur le donjon d'un vieux château,
Pour garder gente demoiselle,
Nouveau soldat, un pastoureau
Etait souvent en sentinelle.

Le maître, sire Gondefroy,
Craignant quelque triste aventure,
Lui criait dans la nuit obscure :
« Sentinelle, prends garde à toi. »

(*Alain, qui écoutait attentivement, se remet à se promener d'un canon à l'autre ; dès qu'il a la tête tournée, Léon veut embrasser Lucette, qui se défend.*)

2ᵉ.

Plus jaloux il lui dit un jour :
Si mon Isaure prend la fuite,
Du haut de la plus haute tour
Aussitôt je te précipite.
Le pastoureau, rempli d'effroi,
Redoublait de soins et d'adresse ;
Et le maître criait sans cesse :
« Sentinelle, prends garde à toi. »

(*Même jeu plus prononcé.*)

LÉON.

3ᵉ.

Isaure aimait un troubadour ;
Quoiqu'absent il était fidèle :
Il revint, et de ce séjour
Il voulut enlever sa belle.
Dès qu'il entendit le beffroi
Des nuits sonner la troisième heure.
Il pénétra dans la demeure....
« Sentinelle, prends garde à toi ! »

(*En ce moment Alain se tourne, et Léon va embrasser Lucette, qui se défend moins vivement.*)

SCÈNE III.

Les mêmes, M.me FRANCOEUR.

M.me FRANCOEUR (*entrant et les voyant, à Alain*).

« Sentinelle, prends garde à toi. »

LÉON (*après avoir embrassé Lucette*).

Je vais rejoindre monsieur le Maréchal.
Il sort).

M.me FRANCŒUR.

Si tu ne gardes pas mieux le château que ta femme, mon pauvre Alain ! Et vous, mademoiselle, il me paraît que vous n'étiez pas éloignée de capituler ; mais, jour de Dieu ! je voudrais bien voir que ce fût sans les honneurs de la guerre !

LUCETTE.

Soyez tranquille, ma mère.

M.me FRANCŒUR.

C'est sur cette terrasse qui domine tout le camp et d'où l'on aperçoit les murs de Dénain, que M. le Maréchal a donné ordre que le conseil s'assemblât. Ces Messieurs vont venir, retirons-nous, mademoiselle ; il faut ici du silence et du secret.

ALAIN.

Eh bien ! madame Francœur, êtes-vous enfin contente ?

Mme. FRANCŒUR.

Pas tout-à-fait, mon garçon, pas tout-à-fait. Il paraît que la bataille ne sera pas encore pour aujourd'hui. M. de Villars est triste, préoccupé ; et, faut-il vous le dire ? il me paraît très-inquiet..

ALAIN.

Dam ! je le suis bien, moi !

Mme. FRANCŒUR.

Silence ! voici nos braves officiers.

SCÈNE IV.

Les mêmes, NIVERNAIS, D'OLANGE, Officiers supérieurs de l'armée. (*L'un d'eux porte une carte roulée, l'autre une lunette d'approche.*)

NIVERNAIS.

Oui, Messieurs, le hasard est heureux ; il me semble d'un bon augure.

D'OLANGE.

Et vous n'êtes pas homme à le laisser échapper ?

NIVERNAIS.

Par saint Michel ! l'occasion est trop belle ! (*A madame Francœur et à Lucette, leur donnant un papier, en riant.*) Mes amis, voici votre plan de bataille à vous ; que tout ce qu'il renferme soit promptement exécuté.

Mme. FRANCŒUR.

J'y cours, monsieur le Marquis ; j'y cours. (*Montrant le papier.*) J'ignore encore ce que c'est; mais, pour servir un défenseur du Roi, j'irai, s'il le faut, jusque dans le camp de l'ennemi. Viens, Lucette.

ALAIN.

Comment ! madame Francœur, vous emmenez ma prétendue dans le camp de l'ennemi ?

Mme. FRANCŒUR.

Tu viendras l'y chercher.

(*Elle sort avec Lucette.*)

SCÈNE V.

NIVERNAIS, D'OLANGE, LES OFFICIERS DU CONSEIL.

D'OLANGE (*qui regarde avec la lunette*).

Il faut que le duc d'Albermale ait réuni sur ce point tous les canons de l'empire.

NIVERNAIS.

Tant mieux ! tous les Français ont souscrit pour la statue équestre de Henri-le-Grand : l'ennemi fournira le bronze ! Voici monsieur le Maréchal.

(*On relève la sentinelle.*)

SCÈNE VI.

LES MÊMES, LE MARÉCHAL, LE COMTE, SUITE.

LE MARÉCHAL (*au Comte*).

Comte, malgré ses longues fatigues, l'armée que

le Roi m'a confiée est superbe ; l'esprit qui l'anime est excellent, et l'on peut tout attendre de pareils soldats.

LE COMTE.

Sur-tout quand vous serez à leur tête, monsieur le Maréchal.

LE MARÉCHAL (*avec noblesse*).

J'espère justifier la confiance du Roi. Vous voilà, Messieurs ; j'aime cette exactitude. Les momens sont précieux ; voyons, dans le pressant danger où nous sommes, si le Ciel nous inspirera quelque heureuse idée pour le salut du Prince et de la patrie. (*Les officiers entourent Villars et l'écoutent avec la plus grande déférence. Tableau. Villars continue.*) L'homme timide se fait aisément illusion sur le péril ; celui qui sait le braver en aperçoit d'abord toute l'étendue ; et vous devez voir, comme moi, Messieurs, que, pour sauver la patrie, il ne faut, aujourd'hui, rien moins qu'un miracle.

NIVERNAIS (*avec noblesse et respect*).

Monsieur le Maréchal, la valeur française le fera.

LE MARÉCHAL (*sévèrement*).

Nivernais, s'il ne fallait que culbuter une armée, nous n'aurions point délibéré ; mais le vainqueur d'Oudenarde est là, Messieurs ; et le vainqueur d'Oudenarde est Français comme nous. Il est Français, et c'est à la tête de deux armées exaltées par des triomphes qu'il vient combattre des soldats affaiblis par les privations et des revers inaccoutumés. Sans doute notre valeur peut nous servir ; mais c'est pour nous mériter de finir glorieusement nos jours, en défendant un Roi qui brigue aussi la gloire de mourir au milieu de ses soldats. (*Avec émotion.*) Oui, Messieurs, Louis-le-Grand me l'a dit quand j'ai quitté Versailles : « En « cas d'un nouveau malheur, je convoquerai la no-« blesse de mon royaume et les princes de ma fa-« mille. Malgré mes soixante-quatorze ans, je les « conduirai à l'ennemi, et je mourrai en combattant « à leur tête. »

TOUS LES MEMBRES DU CONSEIL (*avec émotion*).

Vive le Roi !

LE MARÉCHAL (*avec âme*).

Oui, Messieurs, qu'il vive, et que la blanche bannière reprenne tout l'éclat dont les Duguesclin, les Bayard et les Turenne la firent briller si long-tems ; mais il faut, en ce jour, que la prudence marche de concert avec le courage ; et voici, Messieurs, ce que je propose : (*Deux officiers tiennent devant lui une carte du pays.*) (*) Douai, le Quesnoy, Bouchain, sont au pouvoir de l'ennemi ; et, au moment où je vous parle, Landrecie, foudroyée depuis huit jours, ouvre peut-être ses portes aux alliés. Tous les rapports de nos agens secrets s'accordent à dire que ces places regorgent de soldats, et ils élèvent à deux cent mille hommes le nombre d'ennemis qui s'étend de la frontière vers la Somme. Comment,

---

(*) A la scène, on passe à ces mots : *d'Albermale est à Dénain*, etc.

avec nos faibles ressources, ébranler cette masse de guerriers resserrés entre des places dont le canon les protège, et qui leur serviront de refuge contre le premier choc de nos soldats. Pour les vaincre, il faut les affaiblir; et, pour les affaiblir, il faut les diviser. (*Montrant un point sur la carte.*) Le duc d'Albermale est à Dénain; son corps d'armée est considérable : on peut l'attaquer, on peut le vaincre; mais, replié presque aussitôt sur Marchiennes, il ira grossir de ses débris la masse qui doit nous écraser. Au lieu d'aller à lui, il faut l'attirer à nous, et l'aveugle présomption de d'Albermale va nous servir dans ce projet. En voyant des Français reculer devant lui, quand il recula si souvent devant eux, par un sentiment d'orgueil plus naturel à l'homme que la prudence, il doit attribuer à la crainte l'effet d'une ruse nécessaire. Jaloux de vaincre sans son rival, dont la gloire éclipse la sienne, il s'en séparera dans l'espoir de nous anéantir; et, dès que son impétueuse audace l'en aura assez éloigné pour l'empêcher d'en être secouru à tems, nous nous arrêterons alors, Messieurs; et, faisant usage de toute la valeur française, après avoir exterminé d'Albermale, nous marcherons contre le vainqueur d'Oudenarde, aux cris de *vive la France!*

D'OLANGE.

Cet avis, monsieur le Maréchal, me semble dicté par la sagesse; mais ne devons-nous pas craindre que nos soldats, prenant ce mouvement pour une retraite réelle, le découragement et le désordre ne se glissent dans l'armée?

LE MARÉCHAL.

L'ennemi peut s'y méprendre ; mais dans le danger qui menace la France et le roi, nos soldats nous connaissent trop pour nous croire capable de fuir. (*A Nivernais, qui paraît préoccupé.*) Vous vous taisez, marquis de Nivernais ; ce plan ne s'accorderait-il point avec le vôtre ?

NIVERNAIS.

Avec le mien, au contraire, monsieur le Maréchal ; mais il dérange celui de nos soldats. Ces braves gens avaient fait le plan de remporter une victoire la veille de la Saint-Louis....

LE MARÉCHAL (*riant*).

Je suis désespéré de les contrarier. (*Au Comte.*) Cher Comte, ce mouvement va laisser votre château à découvert ; mais nous viendrons vous secourir. Combien de jours croyez-vous pouvoir résister ?

LE COMTE.

Monsieur le Maréchal, je résisterai tant qu'il restera une seule pierre de mon château.

LE MARÉCHAL (*riant*).

N'allez pas nous retenir d'Albermale. (*Au conseil.*) S'il est quelqu'un de vous, Messieurs, qui me désaprouve, qu'il parle ; je ne tiens point à mes idées, je ne vois que la patrie.

LE COMTE.

Monsieur le Maréchal, tout le monde pense ici comme vous.

(*Signe approbatif du conseil.*)

LE MARÉCHAL.

Eh bien ! Messieurs, que le signal de la retraite

soit donné; qu'un désordre apparent règne dans l'armée. D'Olange, pour ne point fatiguer vos braves fantassins, vous suivrez la route de Cambrai. D'Aumont protégera votre marche; pour vous, Nivernais, vous vous réunirez à la maison du Roi; et, feignant de chercher les hauteurs de Laon, vous me rejoindrez sous le canon de Saint-Quentin.

NIVERNAIS (*bas à d'Olange*).

Chevalier, ceci dérange notre rendez-vous.

D'OLANGE (*de même*).

Marquis, il n'est que retardé.

SCÈNE VII.

LES MÊMES, LÉON.

LÉON (*au Maréchal*).

Monseigneur, un paysan de la Flandre française, poursuivi dans la plaine par des cavaliers ennemis, et délivré par les nôtres, avait d'abord demandé à être conduit à Paris; mais en apprenant que votre excellence était au château d'Haspres, il a vivement sollicité la grâce d'y être amené. Il demande à paraître devant vous, assurant qu'il est chargé d'un message secret dont le salut de la France dépend.

LE MARÉCHAL (*vivement*).

Qu'il vienne, qu'il paraisse.

(*Léon sort.*)

SCÈNE VIII.

Les mêmes, excepté LÉON.

LE COMTE.

Je me permettrai de vous faire observer, monsieur le Maréchal...

LE MARÉCHAL.

Il parle du salut de la France; il faut le voir, mon cher Comte. Le plus léger indice peut amener les plus grands résultats.

LE COMTE.

Le voici.

SCÈNE IX.

Les mêmes, le Paysan, LÉON.

(*Le paysan est amené par des soldats. On le considère avec beaucoup d'attention; il a les yeux bandés et porte un bâton à la main.*)

Morceau d'ensemble.
CHOEUR.
(*A voix basse.*)
Observons bien cet inconnu
Qui vient, dit-il, sauver la France :
Avec nos ennemis, s'il est d'intelligence,
Si c'est un traître, il est perdu.

LE PAYSAN (*aux gardes*).

Où me conduisez-vous ? exaucez ma prière :
Faites-moi voir le héros tutélaire
Qui, de la France, est en ce jour l'appui.
(*On lui ôte son bandeau. Un soldat prend son bâton.*)

LE COMTE (*lui montrant Villars*).

Vous êtes devant lui.

(*Le paysan salue avec respect Villars et ceux qui l'entourent.*)

LE MARÉCHAL ET LES OFFICIERS.

(*A voix basse, à part.*)

Il n'a point le grossier langage
Et les manières du village.

CHOEUR.

Observons bien cet inconnu
Qui vient, dit-il, sauver la France :
Avec nos ennemis, s'il est d'intelligence,
Si c'est un traître, il est perdu.

LE MARÉCHAL (*au paysan*).

Quel sujet parmi nous t'amène ?

LE PAYSAN.

Le désir de servir mon Roi.

LE MARÉCHAL.

Si tu le trahissais, ta mort serait certaine.

LE PAYSAN.

On peut se fier à ma foi.

LE MARÉCHAL.

Tu peux parler.

LE PAYSAN.

Monseigneur, je désire
En ces lieux, ne parler qu'à vous ;
Ordonnez à l'instant que chacun se retire.

LE MARÉCHAL.

Ils sont Français, vous pouvez tout leur dire,
La gloire est commune entre nous.

LE PAYSAN (*aux officiers*).

Pardonnez ; lui seul doit apprendre
Le secret important qui m'amène en ces lieux.

LE COMTE (*à part*).

Je n'aime point son air mystérieux.

NIVERNAIS.

Il faut l'entendre.

LE MARÉCHAL (*faisant un geste*).

Auprès de vous je vais me rendre.

CHŒUR.

Observons bien cet inconnu
Qui vient, dit-il, sauver la France ;
Avec nos ennemis, s'il est d'intelligence,
Si c'est un traître, il est perdu.

(*Ils s'éloignent en observant le paysan.*) (*)

SCÈNE X.

Le MARÉCHAL, le Paysan, deux Soldats (*non loin du Maréchal. L'un d'eux tient le bâton du Paysan.*)

LE MARÉCHAL.

Nous voilà seuls, vous pouvez parler sans crainte ; mais, avant tout, veuillez répondre à mes questions ? D'où venez vous ?

LE PAYSAN.

Du camp de Marchienne.

(*) On peut les faire rester dans le fond de théâtre.

LE MARÉCHAL (*l'observant*).

Le chef de l'armée ennemie est dans cette ville ; elle est le centre de ses opérations, et le camp qui l'avoisine doit être bien gardé ! Comment avez vous pu y pénétrer ?

LE PAYSAN.

A l'aide de ce déguisement.

LE MARÉCHAL (*après l'avoir examiné*).

Qui êtes vous ?

LE PAYSAN (*avec respect*).

Je suis Français, Monseigneur ; c'est tout ce qu'il vous importe de savoir.

LE MARÉCHAL (*pour l'éprouver*).

Quelle foi puis-je ajouter au discours d'un inconnu !

LE PAYSAN.

(*Après avoir rompu vivement, sur son genou, le bâton qu'il reprend de la main du soldat, et avoir donné au Maréchal un papier qu'il contenait.*)

Lisez, monsieur le Maréchal.

LE MARÉCHAL.

Que vois-je !

LE PAYSAN (*vivement*).

Un magistrat de Douai, qui passa sa jeunesse dans les camps, et dont les yeux sont toujours ouverts sur les dangers de la patrie, crut s'apercevoir que les lignes de l'ennemi, trop resserrées autour de Landrecie, étaient très-étendues le long de la Scarpe, et que le dépôt de ses magasins, établi dans Marchienne, devenait par son éloignement inutile à son armée, si Dénain était surpris. Dans le zèle qui l'anime, il communiqua cette idée aux principales autorités de la ville ; elles demandèrent un homme qui, après s'etre assuré par lui-même de la vérité, voulut porter au chef de l'armée française ces précieux détails. Je me suis offert, Monseigneur ; j'ai bravé tous les dangers, et je viens confier au génie la découverte du hasard.

LE MARÉCHAL.

(*Avec sang froid et observant le paysan.*) Et vous vous êtes assuré de l'exactitude de ces renseignemens ?

LE PAYSAN.

Rien n'est changé, monsieur le Maréchal ; seulement le général d'Albermale est entré hier soir dans Dénain avec dix mille hommes de renfort.

LE MARÉCHAL (*satisfait*).

Je le sais ! A quelle heure êtes-vous parti du camp de Marchienne ?

LE PAYSAN.

Au point du jour.

LE MARÉCHAL.

Vous avez couru bien des dangers ?

LE PAYSAN.

Je n'ai vu que ceux de ma patrie.

LE MARÉCHAL.

Bien, jeune homme : ce dévouement aura sa récompense ; mais, ne puis-je savoir votre nom ? Ces notes ne me l'apprennent pas.

LE PAYSAN.

Monsieur le Maréchal, je désire rester inconnu ;

la seule récompense que j'ose attendre de vos bontés, c'est de me permettre de me rendre à Paris.

LE MARÉCHAL.

Je suis convaincu de la loyauté de vos intentions et de la véracité de ces notes ; mais la prudence et les lois de la guerre exigent que je vous garde en ôtage jusqu'après le combat.

LE PAYSAN (*à part*).

Quel contre-tems !

LE MARÉCHAL.

Vous resterez dans ce château : vous y trouverez tous les égards que méritent le courage et la fidélité. (*Le conseil rentre.*) Approchez, Messieurs, et venez partager l'espoir qui m'anime. D'après les renseignemens que je reçois de Douai, d'Albermale est placé dans la position où nous voulions l'amener. La retraite est inutile, et c'est en avant qu'il faut marcher.

NIVERNAIS.

Le ciel en soit loué ! (*Bas à d'Olange.*) Chevalier, notre rendez-vous est pour aujourd'hui.

LE MARÉCHAL.

Si la France reprend, en ce beau jour, l'équilibre qu'elle eut toujours dans la balance des nations ; si le plus chéri des monarques reçoit pour sa fête les palmes nouvelles que nous aurons cueillies dans les plaines de Dénain, vous n'oublierez pas, Messieurs, que c'est au dévouement de ce brave jeune homme que nous le devons. Allons, Messieurs, allons nous préparer au combat.

(*Ils sortent, excepté Nivernais, que le paysan retient.*)

SCÈNE XI.

NIVERNAIS, LE PAYSAN.

LE PAYSAN.

Si je ne me trompe, c'est à monsieur le marquis de Nivernais que j'ai l'honneur de m'adresser ?

NIVERNAIS (*surpris*).

Mon nom vous est connu ?

LE PAYSAN.

Comme votre loyauté, monsieur le Marquis. J'eus plusieurs fois l'honneur de vous voir chez madame la duchesse de Luxembourg.

NIVERNAIS (*cherchant à se rappeler*).

Eh, quoi ! Monsieur, vous seriez....

LE PAYSAN.

L'un des plus fidèles sujets du Roi, comme vous. Unique espoir d'une famille respectable, je dois obéir à mon père, dont les volontés me ferment la carrière des armes ; mais je n'ai point voulu laisser échapper l'occasion de prouver mon dévouement et mon zèle.

NIVERNAIS.

Ne puis-je apprendre votre nom ?

LE PAYSAN.

Monsieur le Marquis, laissez-moi la seule récompense à laquelle j'aspire.

NIVERNAIS.

Que puis-je faire pour vous, du moins?

LE PAYSAN.

Monsieur de Villars me retient prisonnier dans ce château, quand les plus tendres intérêts m'appellent à Paris. (*Avec noblesse.*) Lisez dans mon cœur, monsieur le Marquis, et servez-moi de caution.

NIVERNAIS (*après l'avoir regardé avec surprise, lui tendant la main*).

Je vous en servirai.

LE PAYSAN.

Je n'attendais pas moins de votre loyauté, et ma reconnaissance....

NIVERNAIS.

Je rejoins monsieur de Villars; vous allez être libre.

(*Il sort.*)

SCÈNE XII.

Le Paysan, CLÉMENCE (*paraissant dans le pavillon et se plaçant à la harpe.*)

LE PAYSAN.

Heureux moment! (*Clémence prélude sur la harpe.*) Qu'entends-je! (*En ce moment la trompette retentit dans le camp et se mêle aux accords de la harpe, ainsi que pendant la romance suivante.*) Est-ce une illusion?

CLÉMENCE.

ROMANCE.

1er. COUPLET.

Paisibles lieux qui, de ma mère,
Conservez les doux souvenirs,
Vous entendez tous mes soupirs,
Vous voyez ma douleur amère.
De Henri j'ai reçu la foi;
Mais, hélas! il est loin de moi.

HENRI.

C'est la voix de Clémence!

CLÉMENCE.

Pour son Roi, sa patrie,
Il y a perdu le jour :
Ou le cruel oublie
Tout mon amour.

HENRI.

Clémence en ces lieux! au milieu des armes!

CLÉMENCE.

2e.

Henri, d'une guerre cruelle
Je brave toute la rigueur :
La seule crainte de mon cœur,
C'est de te trouver infidèle.
Mes vœux seraient-ils superflus,
Ingrat! ne m'aimerais-tu plus?

HENRI (*vivement et s'approchant de la croisée*).

Pour le Roi, la patrie,
Et pour toi dans ce jour
Ne crains pas que j'oublie
Tout mon amour.

CLÉMENCE (*paraissant au balcon*).

Henri! est-ce vous que je revois?

HENRI.

Chère Clémence!

ENSEMBLE.

CLÉMENCE.	HENRI.
Pour le Roi, la patrie,	Pour le Roi, la patrie,
Il voit encor le jour!	Et pour toi dans ce jour,
Et garde à son amie,	Ne crains pas que j'oublie
Tout son amour.	Tout mon amour.

(*Clémence quitte la fenêtre en faisant un signe qu'elle va descendre.*)

SCÈNE XIII.

LES MÊMES, NIVERNAIS (*apportant une dépêche*).

NIVERNAIS.

Tous vos vœux sont comblés! Monsieur!

HENRI (*à part*).

Ciel!

NIVERNAIS.

Vous allez vous rendre à Paris, monsieur le duc de Villars y consent; et, pour vous prouver toute la confiance que vous lui avez inspirée, c'est vous qu'il veut charger de cette dépêche importante.

HENRI.

(*A part.*) Me voilà bien embarrassé. (*Haut.*) Ah! monsieur le Marquis, comment reconnaître....

NIVERNAIS.

Ce que j'ai fait pour vous, vous l'eussiez fait pour moi. D'ailleurs, il s'agit du prince, il s'agit de la patrie; je répondrais de tous les Français.

SCÈNE XIV.

Les mêmes, CLÉMENCE.

CLÉMENCE (*accourant sans voir Nivernais*).

Ah! monsieur Henri, combien ce moment.... Ciel! monsieur le Marquis!

NIVERNAIS (*à part, avec surprise*).

Henri! que signifie ce mystère? (*Haut.*) Est-ce moi que vous cherchiez, belle Clémence?

CLÉMENCE (*troublée*).

Non, monsieur le marquis; je venais savoir.... si Douai sera bientôt rendu au Roi.

NIVERNAIS.

Vous connaissez Monsieur?

HENRI.

Une étroite amitié unissait nos deux familles.

NIVERNAIS (*souriant*).

Et monsieur le comte ne vous a point reconnu!

HENRI.

Depuis longtems il vit retiré dans ce château; je ne l'ai jamais vu, et je le croyais en ce moment à Paris, avec Mademoiselle.

NIVERNAIS (*à part*).

Et voilà pourquoi, peut-être, il était si pressé de partir. (*Avec gaîté.*) Par saint Michel! ceci me paraît d'un triste augure pour moi.

CLÉMENCE.

Il me semblait avoir entendu dire que Monsieur avait pris la carrière des armes?

HENRI.

J'ai sacrifié mon penchant à la volonté de mon père.

NIVERNAIS.

Ce sacrifice vous honore ; mais n'oubliez pas, monsieur Henri, que vous voulez vous rendre à Paris.

CLÉMENCE (*à part*).

A Paris !

NIVERNAIS (*le raillant*).

Où les plus tendres intérêts vous appellent.

HENRI (*à part*).

Comment me tirer de là? (*Haut.*) Cette dépêche, monsieur le Marquis, est-elle donc si pressée ?

NIVERNAIS (*à part*).

Allons, je ne m'étais pas trompé. (*Haut, gaîment.*) Oui, Monsieur, la missive est très-urgente. Supposez que M. de Villars annonce au ministre qu'il va livrer une bataille ; pour peu que vous tardiez, la nouvelle de la victoire arrivera avant vous.

SCÈNE XV.

Les mêmes, Mme. FRANCOEUR.

Mme. FRANCOEUR (*bas à Nivernais*).

Monsieur le Marquis, vos ordres sont exécutés : mon plan d'attaque est terminé ; nos gens sont à leur poste, on n'attend plus que l'ennemi.

NIVERNAIS (*gaîment voyant arriver le Maréchal*).

Le voici. L'instant est favorable ; que tout le monde soit prêt. (*Madame Francœur sort.*)

SCÈNE XVI.

Les mêmes, LE MARÉCHAL, LE COMTE, Suite.

LE MARÉCHAL (*au Comte*).

Oui, mon cher Comte, le brave d'Aumont passe, en ce moment, avec ses dragons, à la vue du camp ennemi, et en feignant de vouloir l'attaquer, il cherche à se jeter dans Landrecie. Trois coups de canon doivent m'annoncer son entrée dans cette ville, et nous servir de signal pour l'attaque générale. (*En venant vers Clémence.*) J'admire votre courage, aimable Clémence ; mais il ne me surprend pas. (*Frappant sur l'épaule du Comte.*) C'est une vertu de famille. (*Une musique militaire annonçant une fête, se fait entendre.*) Cher Comte, que signifient ces joyeux accords ?

LE COMTE (*riant*).

Monsieur le Maréchal, Nivernais vous l'expliquera, je gage, mieux que moi.

NIVERNAIS.

Monsieur le Maréchal, c'est aujourd'hui la veille de la Saint-Louis ; nos soldats ont appris que vous aviez le même patron que leur Roi, et, dans la joie que cette découverte a fait naître dans le camp, quelques vétérans de Turenne viennent porter à Villars l'expression des vœux et de la confiance de l'armée. (*A la Cantonade.*) Paraissez, mes amis, et confondez, dans vos chants d'allégresse et d'amour, le Père de la France et celui qui va la sauver.

SCÈNE XVII.

Les mêmes, Mme. FRANCOEUR, ALAIN, LUCETTE, LÉON, Villageois et Soldats.

(*De tous les côtés du théâtre, des Villageois, portant des bouquets, et de vieux Soldats suivis d'une musique militaire et d'instrumens villageois, entrent en scène, et viennent entourer Villars. Tableau.*)

FINAL.

Chœur de villageois.

En attendant le son de la trompette,
 Que la gaîté règne en ces lieux;
 Et que les sons de la musette
 Se mêlent à nos chants joyeux.

Chœur de soldats.

Honneur au héros tutélaire,
Appui de la gloire et des lys !
Chantons Villars dans notre Père,
Et dans Villars chantons Louis !
Vive Louis ! vive Louis !

(*Ils offrent les bouquets à Villars, Léon les reçoit.*)

LE MARÉCHAL (*aux soldats*).

Amis, je reçois votre hommage,
Il a droit de flatter mon cœur.
Aujourd'hui de votre courage
  La France attend son bonheur.

CHŒUR.

En attendant le son de la trompette, etc., etc.

(*On danse autour de Villars.*)

Mme. FRANCŒUR (*lui offrant un lys*).

A ce lys battu par l'orage
Vous allez rendre sa splendeur.

LUCETTE (*offrant un laurier*).

Que ce laurier soit le présage
De la victoire et de l'honneur !

ALAIN (*lui offrant un olivier*).

Que cet olivier soit le gage
Et de la paix et du bonheur !

CHŒUR.

Honneur au héros tutélaire, etc.

(*On danse. Un coup de canon se fait entendre. La danse cesse. Tableau.*)

LE MARÉCHAL.

Silence ! écoutons !

TOUS.

Silence !

(*Ils écoutent : second coup de canon.*)

Mme. FRANCŒUR.

C'est la bataille qui commence.

TOUS.

Silence !

(*Ils écoutent plus attentivement encore. Troisième coup de canon.*)

ALAIN (*à part*).

Jarni ! pour moi, cela va mal.

TOUS.

Silence !

(*Ils écoutent : rien ne se fait entendre.*)

LE MARÉCHAL.

C'est le signal.

(*Trompettes et tambours.*)

(*Léon donne à Villars son bâton de maréchal.*)

NIVERNAIS.

Allons, amis, la gloire nous appelle ;
  Elle veut voir nos étendarts :
  Pour parvenir jusqu'au près d'elle
  Suivons les traces de Villars !

CHOEUR.

Allons / Allez } amis, la gloire { nous / vous } appelle, etc.

LE MARÉCHAL.

Amis, la gloire vous appelle ;
Mais en marchant, répétez avec moi,
Ces mots sacrés : la patrie et le Roi !

CHOEUR.

  La patrie et le Roi !

LE COMTE (*à Nivernais et d'Olange*).

Messieurs, de ma chère Clémence
Vous briguez tous les deux la main !
Elle sera la récompense
De celui qui, par sa vaillance,

Après le combat de Dénain,
Aura le mieux servi la France.

CLÉMENCE.

O ciel!

HENRI.

Revers inattendu!

CLÉMENCE.

Tout espoir est donc perdu!

D'OLANGE.

Un prix si doux déja m'enflamme!

NIVERNAIS (*les observant*).

Quel trouble règne dans leur âme!

HENRI.

Affreux moment! il ne m'est point permis
D'aller mourir dans les rangs ennemis,
Ou de mériter ma Clémence.

CLÉMENCE.

Hélas! je n'ai plus d'espérance!

Mme. FRANCŒUR, LUCETTE, ALAIN.

Ah! Quel bonheur! ah! quel honneur!
Elle sera le prix de la valeur.

TOUS.

Marchons, marchons, la victoire est certaine;
Exempts de faiblesse et d'effroi,
Faisons retentir dans la plaine
Ces mots sacrés : la patrie et le Roi!
La patrie et le Roi!

(*Les soldats défilent devant Villars.*)

FIN DU SECOND ACTE.

ACTE III.

Le théâtre représente la première cour du château. On voit dans le fond, la porte du pont-levis, et le rempart sur lequel on monte par un escalier, dont on apperçoit les premières marches, à droite du spectateur; à gauche on voit une arcade qui est censée conduire dans une autre cour du château. Une sentinelle est sur le rempart. Dans l'entr'acte, le bruit du canon s'est fait toujours entendre. Il s'est éloigné quand l'acte commence.

SCÈNE PREMIÈRE.
HENRI (*seul, très-agité*).

AIR.

O trop funeste obéissance !
Hélas ! qu'exigez-vous de moi ?
Je ne puis vivre pour Clémence,
Je ne puis mourir pour mon Roi !

J'entends d'ici l'airain qui tonne :
Je vois mes rivaux transportés
Briguer une double couronne,
Et je ne puis combattre à leurs côtés !
Guerriers amans, au champ de la victoire
Avec ardeur ils vont en ce beau jour,
Auprès des palmes de la gloire,
Cueillir les myrthes de l'amour.

O trop funeste obéissance ! etc.

Qui ; moi ? moi, je perdrais une amante si chère !
Un autre par les plus doux nœuds !....
Non, non, je cours.... arrête, malheureux,
Veux-tu tromper l'espoir d'un père !

O trop funeste obéissance !
Hélas ! qu'exigez-vous de moi !
Je ne puis vivre sans Clémence,
Je ne puis mourir pour mon Roi.

SCENE II.

HENRI, ALAIN, LUCETTE.

ALAIN.

Si je ne me trompons, mam'zelle Lucette, v'là l'canon qui s'en va, et mon courage qui revient.

LUCETTE.

Je ne pense pas comme ma mère, moi ! monsieur Alain ; et j'aurais été bien fâchée que vous eussiez été vous battre.

ALAIN.

Dam ! c'est que vous risquiez de ne pas m'épouser tout entier. Ah ! v'là le jeune paysan qui est cause qu'on se bat aujourd'hui.

LUCETTE.

Il n'a pas l'air content ?

ALAIN.

Camarade, est-ce que vous ne vous plaisez pas ici ?

HENRI.

Je donnerais tout au monde pour être à la bataille.

ALAIN (*à Lucette*).

Eh bien ! il ne me ressemble pas, celui-là. (*A Henri.*) Dam ! camarade, vous voilà de la réserve, comme moi. C'est un beau poste, et je ferais bien trente campagnes dans ce corps d'armée-là, moi ! camarade !

SCÈNE III.

Les mêmes, Mme. FRANCOEUR (*descendant du rempart*).

Mme. FRANCŒUR.

Ah ! mon pauvre Alain ! désole-toi ; mon garçon, désole-toi.

ALAIN (*tremblant*).

V'là que je me désole, Mme. Francœur.

Mme. FRANCŒUR.

Tu n'auras pas le bonheur de te battre. Le château ne sera pas attaqué.

ALAIN.

Etes-vous bien sûre que j'aurons ce malheur-là ?

Mme. FRANCŒUR.

Du haut de la tour, je viens de voir les manœuvres de nos soldats, rien ne les arrête ; et si j'en crois l'intrépidité de monsieur de Nivernais, il est à présent dans Dénain.

HENRI (*à part*).

Nivernais ! je sais trop quel espoir le guide !

ALAIN.

Quoi ! l'château ne sera pas attaqué ! Je ne pourrons pas vous prouver que j'sommes dign' d'être votre gendre ! morgué ! ventregué ! tatigué ! je ne me consolerons jamais d'n'avoir pas montré mon courage ; car j'en avons du courage ! Vous le croirez, si vous le voulez.

SCÈNE IV.

Les mêmes, Le COMTE. (*Il descend du rempart.*)

LE COMTE.

Qu'on ouvre à l'instant la poterne. Je viens d'apercevoir le page de monsieur de Villars. Il paraît que les dépêches qu'il m'apporte sont de la plus grande urgence.

LA SENTINELLE.

Qui vive ?

LÉON (*en dehors*).

France et Villars !

ALAIN.

Je gageons que c'est la nouvelle de la victoire.

(*Léon entre dans le plus grand désordre, et l'épée à la main. Il porte une lettre.*)

SCÈNE V.

Les mêmes, LÉON, Soldats.

LÉON (*au Comte, lui donnant la lettre*).

Monsieur le Comte, monsieur le Maréchal vous recommande de ne pas perdre une minute.

HENRI (*à part*).

D'Albermale aurait-il été prévenu ?

Mme. FRANCŒUR.

Je crois que je tremble.

LE COMTE (*lisant*).

« Mon cher comte, le danger de la France ne fut
« jamais si grand ! Le prince de Holstein s'avance pour
« secourir Dénain. Tout est perdu, si le pont de

« Prouvi, sur la Scarpe, ne lui est promptement fermé.
« C'est à vous que je confie ce poste périlleux. Je ne
« puis envoyer sur ce pont que deux mille hommes ;
« joignez-y votre garnison. Hâtez-vous ; arrêtez l'en-
« nemi pendant deux heures, et la France est
« sauvée. »

ALAIN (*à part*).

Je suis mort.

LE COMTE.

Que l'on prenne les armes !

Mme. FRANCŒUR.

Je vais faire battre la générale.

(*Elle entre dans la seconde cour.*)

LÉON.

Moi, je retourne au champ d'honneur.

LE COMTE (*à Léon*).

Dites à monsieur de Villars que je cours exécuter ses ordres, et que le prince de Holstein ne passera le pont de la Scarpe que sur notre corps.

LÉON.

Adieu, aimable Lucette. (*En frappant sur l'épaule d'Alain.*) « Sentinelle, prends garde à toi. » (*Il sort.*)

(*On bat la générale dans la seconde cour du château : les soldats s'y rassemblent.*)

SCÈNE VI.

LE COMTE, HENRI, ALAIN, LUCETTE.

ALAIN.

Mais, monsieur le Comte, si vous emmenez tout le monde, qu'est-ce qui défendra le château.

LE COMTE.

Nous le défendrons au pont de Prouvi.

(*Il entre dans la cour.*

HENRI (*à part*).

Quelle plus belle occasion pouvait s'offrir?

LUCETTE.

Ah! monsieur Alain, conservez-vous pour moi; je vous en prie.

ALAIN.

Pour nous deux, mam'zelle; mais j'ons bien peur....

HENRI (*bas à Alain, en lui prenant la main*).

Suis-moi.

ALAIN (*surpris*).

Monsieur.....

HENRI (*l'entraînant*).

Suis-moi, te dis-je, et ne crains plus rien.

(*Il sort avec Alain.*)

SCÈNE VII.

LUCETTE, CLÉMENCE, Femmes du village et du château.

Morceau d'ensemble.

CLÉMENCE ET LE CHŒUR (*accourant*).

D'où vient ce bruit d'alarmes?
Dans le château l'on court aux armes.

LUCETTE.

Monsieur le comte va partir.

CLÉMENCE.

O ciel! mon oncle va partir!
Ah! quel effroi vient me saisir!

CHŒUR DE SOLDATS (*dans l'éloignement*).

Marchons à la gloire,
Volons à la victoire !
(*Le Comte paraît.*)

CLÉMENCE (*se jetant dans ses bras.*)

Mon oncle !

LE COMTE.

Rassure-toi,
Ma Clémence !...

CLÉMENCE.

Ah ! loin de moi
Quel devoir cruel vous entraîne ?

LE COMTE.

Ah ! calme ta peine.
Adieu !

CLÉMENCE.

Je ne vous quitte pas.

LE COMTE.

N'arrête point mes pas.
Si le sort aujourd'hui veut finir ma carrière,
Un espoir consolant adoucit mes regrets ;
Clémence je te laisse un père
Dans le père des Français.

LES SOLDATS (*prêts à paraître*).

Marchons à la gloire,
Volons à la victoire !

LE COMTE.

Adieu !

CLÉMENCE.

Je ne vous quitte pas !

LE COMTE.

N'arrête point mes pas.
(*Se tournant vers les soldats qui paraissent.*)
Marchons, braves soldats !

(*Il se met à leur tête.*)

CHŒUR (*en défilant*).

Marchons à la gloire,
Volons à la victoire!

CLÉMENCE.

Il me fuit : ô moment affreux!

LE CHŒUR.

O ciel ! daigne veiller sur eux !

(*Les soldats défilent toujours en criant* vive le Roi! *au moment où ils sortent du château. Le drapeau blanc est encore orné des fleurs de la fête. Henri, revêtu de l'uniforme d'Alain, paraît parmi les soldats, dont la marche est ralentie. Ils marquent le pas.*)

CLÉMENCE.

Que vois-je! ô ciel!

HENRI.

Silence!

CLÉMENCE.

Vous aussi, vous voulez me fuir?

HENRI.

Je vais, ô ma Clémence!
Te mériter où mourir!

(*Il reprend son rang; les soldats se remettent en marche.*)

LES SOLDATS.

Marchons à la gloire,
Volons à la victoire!

CLÉMENCE.

Il me fuit : ô moment affreux!

CHŒUR.

O ciel! daigne veiller sur eux !

(*Les soldats cessent de défiler. Madame Francœur paraît en vivandière avec un petit tonneau sur le dos et un bâton à la main.*)

SCÈNE VIII.

Les mêmes, Mme. FRANCOEUR.

LUCETTE.

Ma mère!

CLÉMENCE.

Où allez-vous, madame Francœur?

Mme. FRANCOEUR (*avec transport*).

Secourir les enfans du Roi!

CLÉMENCE (*émue*).

Digne femme!

Mme. FRANCŒUR.

(*A sa fille.*) Ne pleure pas. (*Émue.*) Je reviendrai, je l'espère, et je te ramenerai Alain digne de toi. (*A Clémence.*) Mademoiselle, je vous la recommande; si les Français sont vaincus, vous ne me reverrez plus. Adieu, Lucette; adieu, mon enfant; adieu, Mademoiselle; adieu tout le monde. (*Elle sort.*)

SCÈNE IX.

CLÉMENCE, LUCETTE, ALAIN, Villageois.

LUCETTE (*à part*).

Je n'aurais jamais cru que monsieur Alain eût le courage d'aller à la bataille.

ALAIN (*paraissant dans son premier costume et tout pâle*).

Pst! pst! sont-ils partis?

LUCETTE.

Que vois-je! quoi! monsieur Alain, c'est vous?

ALAIN.

Je crois que oui, mam'zelle Lucette!

CLÉMENCE.

Comment se fait-il ?

ALAIN.

Ce n'est pas ma faute, morgué! j'étions décidé; mais c'paysan qui est arrivé c'matin, m'a prié d'lui céder ma place, et j'n'avons pas cru devoir lui refuser ce petit service : vous savez qu'j'aimons à obliger. D'ailleurs, il m'a dit qu'il se battrait mieux que moi ; et, par intérêt pour la patrie, j'lui ons donné mes armes et mes habits.

LUCETTE.

Ah, mon Dieu ! si ma mère savait çà !

ALAIN.

Ah ! Mademoiselle, votre mère me connaît ! elle ne peut plus douter que je ne soyons brave et très-brave.

(*On entend un coup de canon*).

Ah, mon Dieu !

CLÉMENCE.

Mes amis, prions pour la France.

(*Le canon gronde pendant la prière.*)

HYMNE.

1re STROPHE.

O Dieu puissant ! toi que dans la Syrie
Nos chevaliers défendirent jadis,
Daigne en ce jour sauver notre patrie
Et protéger les fils de Saint-Louis.

CHŒUR.

O dieu puissant ! toi que dans la Syrie, etc.

CLÉMENCE.

2ᵉ.

Si de la croix l'étendart tutélaire
A dû sa gloire à l'étendart des lys,
Fais, ô mon Dieu! respecter la bannière
Que font flotter les fils de Saint-Louis.

CHŒUR.

Si de la croix l'étendart tutélaire, etc.

CLÉMENCE.

3ᵉ.

Un nœud d'amour à notre Roi nous lie,
Pour le servir les Français sont unis;
Pour notre Roi sauve notre patrie,
Sauve pour nous les fils de Saint-Louis!

CHŒUR.

Un nœud d'amour à notre Roi nous lie, etc.

(*A la fin de cette prière, qui doit être tendre et mélodieuse, et pendant laquelle le canon s'est progressivement éloigné, on entend une brillante fanfare de trompettes et de tambours.*)

CLÉMENCE.

Nos vœux seraient-ils exaucés?

CHŒUR (*hors du château*).

Gloire au Très-Haut qui donne la victoire!
Gloire au Très-Haut qui dispense la gloire!
Gloire à Villars qui conduisit nos pas!

CHŒUR (*dans le château*).

Honneur! honneur à nos braves soldats!

(*On baisse le pont-levis.*)

SCÈNE X.

LES MÊMES, LE MARÉCHAL, D'OLANGE, SUITE (*entrant en foule dans le château, le visage rayonnant de joie, aux acclamations des Soldats et des Paysans*).

LE MARÉCHAL.

Oui, mes amis, honneur à mes braves soldats ! la France leur doit sa gloire, Louis leur devra sa puissance, et Villars son plus beau triomphe.

CLÉMENCE.

Ah ! monsieur le Maréchal, je ne vois point monsieur le Comte !

LE MARÉCHAL.

Rassurez-vous, aimable Clémence, votre oncle va vous être rendu ; l'ennemi, arrêté par lui au pont de la Scarpe, se retire en désordre vers Landrecie. D'Albermale est mon prisonnier et le drapeau français flotte sur Dénain ! Chevalier, monsieur le Comte saura que c'est vous qui le premier l'avez planté sur la brèche ; il tiendra sa promesse. (*En regardant Clémence.*) Et la beauté sera le prix de la valeur.

CLÉMENCE (*à part*)

D'Olange !

D'OLANGE.

Ah ! monsieur le Maréchal, de quel espoir vous enflammez mon cœur ! mais Nivernais....

LE MARÉCHAL.

Nivernais ! D'où vient qu'il n'est point avec nous ?

D'OLANGE.

Je ne l'ai vu que sur la brèche.

LE MARÉCHAL.

Je crains bien qu'il n'ait été la victime de son intrépide audace.

ALAIN (*criant du haut des remparts*).

Mam'zelle Lucette, mam'zelle Clémence, monsieur le maréchal de Villars, grande nouvelle !

LE MARÉCHAL.

Eh bien !

ALAIN.

Voici madame Francœur... et toute la garnison.

SCÈNE XI.

Les mêmes, le COMTE, HENRI, Mme. FRANCŒUR, Suite.

MARCHE.

(*Les troupes de la garnison défilent devant le Maréchal, au son des instrumens guerriers. Tous les casques sont ornés de branches d'arbres. On incline devant Villars le drapeau blanc déchiré par le feu de l'ennemi. Il le salue avec émotion. Henri est dans les rangs. Le comte est à la tête. Mme. Francœur marche à la suite. Tableau.*)

LE MARÉCHAL.

Qu'on se retrouve avec plaisir après une victoire !

CLÉMENCE (*embrassant son oncle, et regardant Henri*).

Heureux moment ! je revois tout ce qui m'est cher.

Mme. FRANCOEUR (*après avoir embrassé Lucette, à Alain qui est descendu du rempart*).

Eh bien ! Alain, tu le vois ; pour avoir été à la bataille, je ne suis pas morte !

ALAIN.

Ni moi non plus, madame Francœur.

LE MARÉCHAL (*au Comte*).

Recevez, mon cher Comte, mes félicitations; votre bravoure égale votre fidélité.

LE COMTE.

Je n'ai fait que mon devoir, monsieur le Maréchal; mais que direz-vous d'un jeune Français, qui, après avoir bravé tous les dangers pour parvenir jusqu'à nous, s'est glissé furtivement dans les rangs de nos soldats; qui, à l'exemple de Bayard, lorsque le feu de l'ennemi semblait intimider les plus intrépides, s'est présenté seul à la tête du pont, et a, par son courage, entraîné tous ses compagnons d'armes?

LE MARÉCHAL.

Comte, quel est donc ce Français?

LE COMTE (*montrant Henri*).

Approchez, Monsieur.

CLÉMENCE.

Henri!

ALAIN.

Tiens! c'est mon remplaçant.

LE MARÉCHAL.

Eh quoi! c'est vous, monsieur? (*Lui prenant la main avec émotion.*) Ainsi, par un double dévoûment, vous avez hâté la bataille et décidé la victoire. Le Roi seul peut payer de tels services.

SCÈNE XII.

LES MÊMES, LÉON (*accourant*).

LÉON.

Monsieur le Maréchal! monsieur le Maréchal!

LE MARÉCHAL (*vivement*).

M'apportez-vous des nouvelles du marquis de Nivernais, Monsieur?

LÉON (*tristement*).

Le voici lui-même, Monseigneur.

SCÈNE XIII.

LES MÊMES, NIVERNAIS.

(*Nivernais est porté sur un brancard par des Soldats. D'autres Soldats, portant des drapeaux conquis, le suivent.*)

LE MARÉCHAL.

Que vois-je?

LE COMTE (*s'avançant vers Nivernais*).

Mon cher Nivernais!

NIVERNAIS.

Ne vous alarmez pas, mon ami! (*A Villars, avec gaîté.*) Pardon, monsieur le Maréchal, si je me fais porter en triomphe devant vous : mais voilà le destin ; je suis parti à cheval, et je reviens en litière.

LE MARÉCHAL.

Votre blessure......

NIVERNAIS (*avec gaîté*).

Presque rien! un éclat de bombe! c'est l'affaire de six mois. (*Se relevant avec noblesse.*) Parlons de votre victoire, monsieur le Maréchal. Tous les postes, le long de la Scarpe, sont emportés ; l'ennemi culbuté fuit de toutes parts, en abandonnant ses magasins et ses munitions. Nos soldats sont aux portes de Marchiennes ; et voici les drapeaux que vous m'aviez chargé de vous apporter.

(*Les Soldats présentent au Maréchal un grand nombre de drapeaux.*)

Mme. FRANCOEUR (*transportée*).

Quel bouquet pour votre fête, monsieur le Maréchal !

LE MARÉCHL.

C'est celui du Roi ; les Français l'ont cueilli !

TOUS (*en agitant les drapeaux*).

Vive le Roi !

NIVERNAIS.

Mon cher d'Olange, vous savez à quelle condition la main de Clémence nous fut promise; voyons maintenant qui de nous deux…..

D'OLANGE.

Nivernais, vous avez été plus heureux que moi !

LE COMTE.

D'Olange, vous méritez, par votre bravoure, la plus douce récompense ; mais souffrez que la main de ma nièce console aujourd'hui Nivernais.

HENRI.

Cruel moment !

CLÉMENCE.

Mon oncle !

LE COMTE (*à Nivernais*).

Mon ami, Clémence est à vous !

NIVERNAIS.

Elle est à moi ! Un jour si beau ne doit coûter de larmes à personne. Mon cher Comte, votre nièce aime, depuis l'enfance, le jeune Dorval ; il a montré qu'il était digne d'elle ; il faut les unir !

HENRI.

Eh quoi ! monsieur, vous sauriez……

Mme. FRANCŒUR.

Pardon, ma belle demoiselle ! c'est moi qui ai parlé.

LE COMTE.

Quoi ! brave jeune homme, vous seriez ?……

CLÉMENCE.

Ce Dorval, mon oncle, à qui ma mère désirait unir mon sort.

LE MARÉCHAL.

Mon cher Comte, il vous a prouvé qu'il méritait de vous appartenir !

LE COMTE.

Et c'est avec orgueil que je le reçois dans ma famille.

HENRI (*au Comte*).

Ah ! Monsieur !

ALAIN.

Puisqu'on récompense la valeur, je crois, madame Francœur, que vous ne pouvez me r'fuser la main de mam'zelle Lucette.

Mme. FRANCŒUR.

Je te la donne, poltron.

LÉON (*à Alain*).

« Sentinelle, prends garde à toi ! »

LE MARÉCHAL.

Nivernais, vous porterez vos drapeaux à Paris ; D'Olange, nous allons poursuivre nos avantages. Le combat de Dénain va rétablir l'équilibre de l'Europe; nos plénipotentiaires vont reprendre à Utrecht l'attitude qui convient aux ministres du Roi de France, et une paix honorable sera le prix de nos travaux.

CHŒUR.

Gloire au Très-Haut qui donne la victoire !
Gloire au Très-Haut qui dispense la gloire !
Gloire à Villars qui conduisit nos pas !
Honneur ! honneur à nos braves soldats !

FIN.

www.ingramcontent.com/pod-product-compliance
Lightning Source LLC
LaVergne TN
LVHW021004090426
835512LV00009B/2073